ALBERT GOES TO THE AMAZON

ALBERT VA AL AMAZONAS

author Jan Hahn

translator Katherine Lopez

illustrator Samantha Berner

Albert Goes to the Amazon | Albert va al Amazonas
ISBN: Softcover 979-8-89532-017-4
Copyright © 2024 by Jan Hahn

Parson's Porch Books is an imprint of Parson's Porch & Company (PP&C) in Cleveland, Tennessee. PP&C is a self-funded charity which earns money by publishing books of noted authors, representing all genres. Its face and voice is **David Russell Tullock** who you can contact at: dtullock@parsonsporch.com.

Parson's Porch & Company *turns books into bread & milk* by sharing its profits with the poor.

www.parsonsporch.com

Albert Goes to the Amazon

Albert va al Amazonas

Albert was now a very famous frog.

Albert era ahora una rana muy famosa

Upon returning from Alaska, everyone asked for his signature and wanted to listen to his extraordinary tales of daring and courage.

Al regresar de Alaska, todos pedían su autógrafo y querían escuchar los extraordinarios relatos sobre su coraje y audacia.

They wanted to hear how he fought off three bears with only a walking stick and a few well placed karate kicks.

Ellos querían escuchar cómo fue que luchó contra tres osos con tan solo un bastón y unas cuantas patadas de karate.

They wanted to hear how he caught a King salmon twice the size of his boat, The Tommyknocker.

Ellos querían escuchar como pescó un Salmon real, el cual era dos veces más grande que su barco, El Tommyknocker

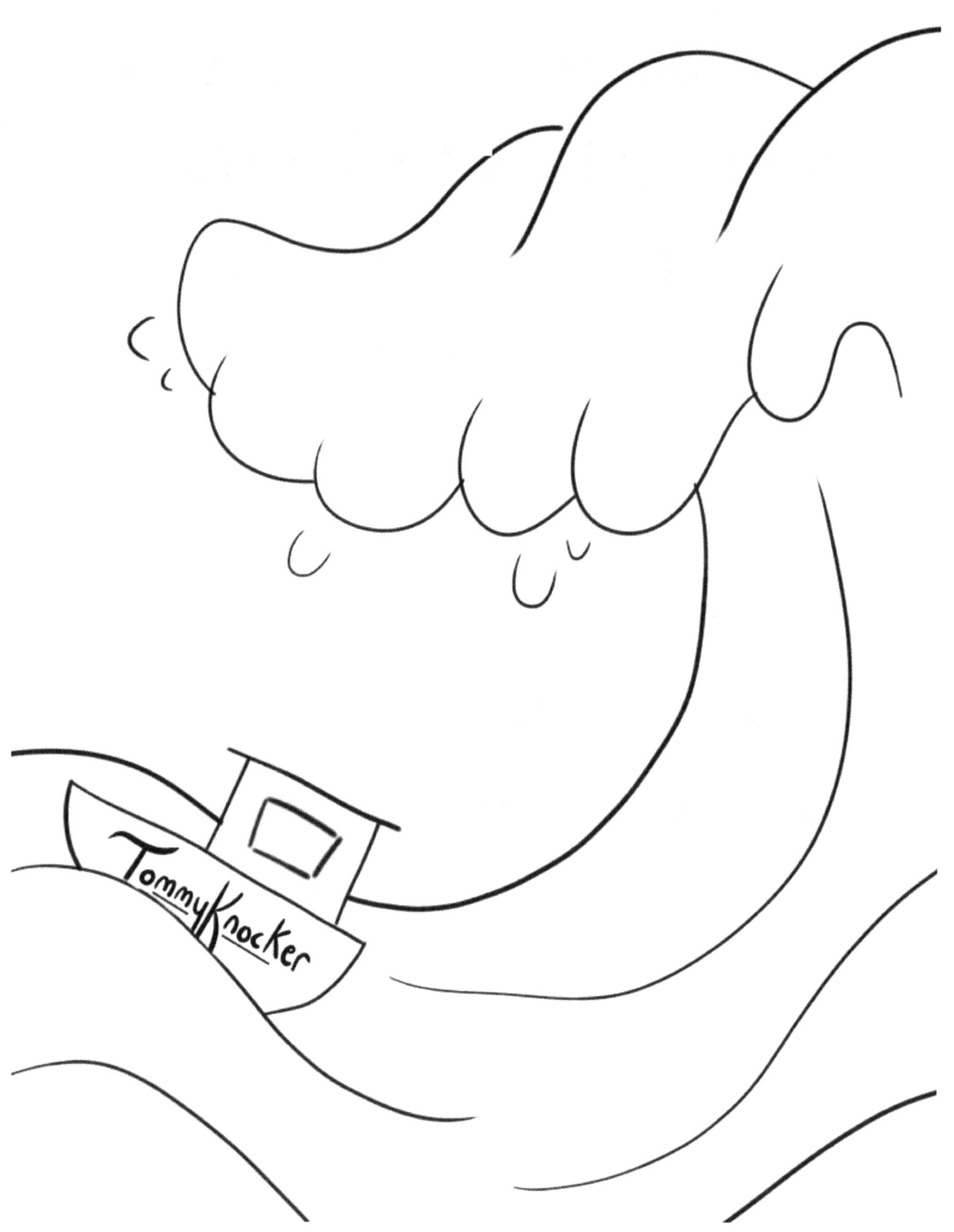

TommyKnocker

They wanted to hear how he pilo-
ted a boat in a storm whose waves
were as tall as a skyscraper.

Ellos querían escuchar como
piloteó el barco en una tormenta
cuyas olas eran tan altas como un
rascacielos.

BLAH
BLAH BLAH
BLAH
BLAH BLAH
BLAH

But alas! A frog can tell the same story only so many times before others get bored, stop listening, and wander away.

¡En fin! Desafortunadamente una rana solo puede contar la misma historia unas cuantas veces antes de que los demás se aburran, dejen de escuchar y se alejen.

This made Albert very depressed,
so he decided he needed to go on
another adventure.

Esto hizo que Albert se
deprimiera, por lo que decidió que
necesitaba emprender otra
aventura.

But what could he do?
Perhaps he could join a circus and become a lion tamer.

Pero ¿qué podía hacer?
Quizás podría unirse a un circo y convertirse en domador de leones.

Perhaps he could go out West and
become a cowfrog and rope wild
steer or ride a
bucking bronco.

Tal vez podría ir al Oeste y
convertirse en una rana vaquera y
atar novillos salvajes o montar en
un
caballo salvaje.

Perhaps he could become an
astronaut and fly to Mars.
So many possibilities—his head
was spinning!

Quizás podría convertirse en
astronauta y volar a Marte.
Tantas posibilidades—¡le daba
vueltas la cabeza!

The Bog Notes

CATFISH SPOTTED!

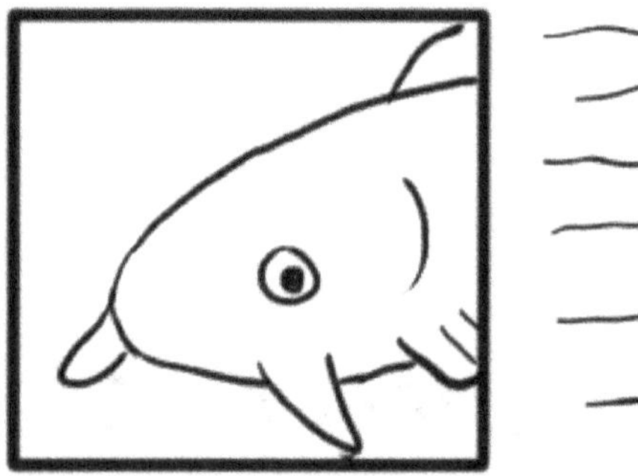

WANT ADVENTURE?
Join the Bernheim
Arboretum Expedition
and travel to the Amazon.
Call 502-955-8512 for
more information.

One day while reading the local newspaper, "Bog Notes", he saw an advertisement.
"Want adventure? Join the Bernheim Arboretum Expedition and travel to the Amazon.
Call 502-955-8512 for more information.

Un día, mientras leía el local periódico, "Bog Notes", vio un anuncio.
"¿Quieres aventuras? Únase a la expedición Bernheim Arboretum y viaje al Amazonas.
Llame al 502-955-8512 para obtener más información.

So Albert called and the operator transferred him to someone named Renee' who answered all of his questions.

Entonces Albert llamó y el operador lo transfirió con alguien llamada Renee, quien respondió a todas sus preguntas.

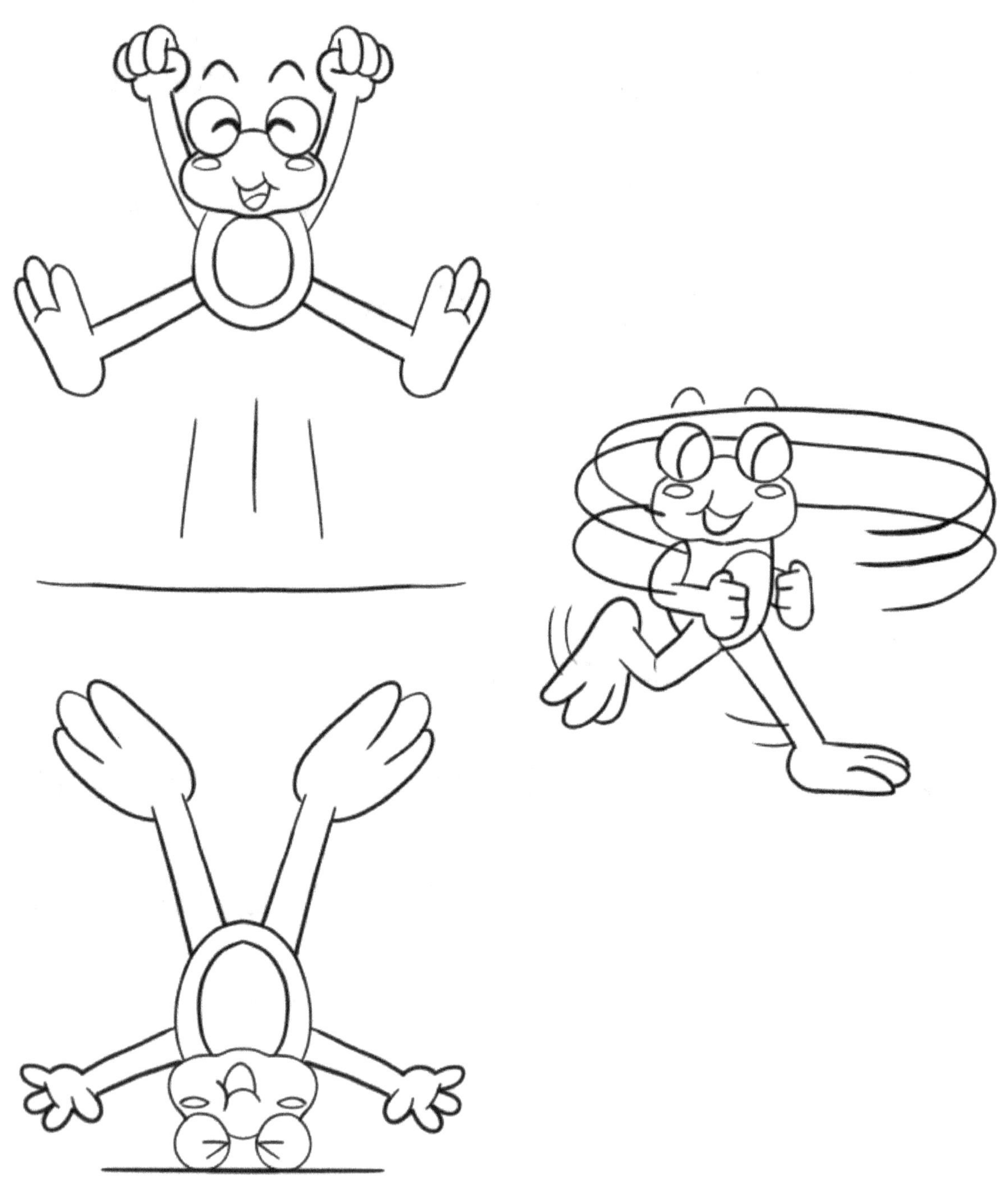

After she heard of all his adventures, she invited him to join their team.

Albert was so excited, he jumped up and down, ran around in circles, and stood on his head.

Después de escuchar acerca de todas sus aventuras, ella lo invitó a unirse al equipo.

Albert estaba tan emocionado que saltó de arriba hacia abajo, corrió en círculos y se puso de cabeza.

The next day, much to his parents' consternation, Albert climbed onto the back of Mr. Goose and flew off towards Louisville, Kentucky.

Al día siguiente, para consternación de sus padres, Albert se subió a la espalda del Sr. Goose y voló hacia Louisville, Kentucky.

It didn't take Mr. Goose long (about 4 hours) because he had been to the arboretum in Clermont, Ky before and he knew a shortcut.

Al Sr. Goose no le tomó mucho tiempo (unas 4 horas) porque ya había ido anteriormente al arboreto de Clermont, Kentucky, y conocía un atajo.

Albert walked through the entrance gate. In his right hand, he held a walking stick and on his back rested a knapsack. He was prepared!

Albert cruzó la puerta de entrada. En su mano derecha sostenía un bastón y en su espalda descansaba una mochila. ¡Estaba preparado!

Renee' was sitting alone in her office as Albert bounded in, shouting "I'm here!"

Renee estaba sentada sola en su oficina cuando Albert entró gritando "¡Estoy aquí!"

Renee' smiled weakly. ''I have good
news and bad news.''

Renée' sonrió débilmente. "Tengo
buenas noticias y malas noticias."

"The good news is I have the money for the expedition. The bad news is my volunteer team has decided not to go."

"La buena noticia es que tengo el dinero para la expedición. La mala noticia es que mi equipo de voluntarios ha decidido no ir".

Albert was stunned. After a moment of silence, he announced, "I will go alone for I am fearless!"

Alberto quedó atónito. Después de un momento de silencio, anunció: "¡Iré solo porque no tengo miedo!".

Renee' could not believe her ears but was so happy that she ran around in circles, jumped up and down, and stood on her head.

Renee' no podía creer lo que oía, pero estaba tan feliz que corrió en círculos, saltó de arriba hacia abajo y se paró de cabeza.

Albert asked, "What flower am I
trying to discover?"

Albert preguntó: "¿Qué flor estoy
tratando de descubrir?"

Renee' spoke. "You will be looking for the ROYGBIV flower. It is the most unusual flower in the world. An explorer wrote about it 100 years ago but no one has ever found it again. You must bring back seeds for me to plant at the Bernheim Arboretum."

Renée habló. "Estarás buscando la flor ROYGBIV". Es la flor más inusual del mundo. Un explorador escribió sobre ella hace 100 años, pero nadie la ha vuelto a encontrar. Debes traerme semillas para plantarlas en el Arboreto de Bernheim".

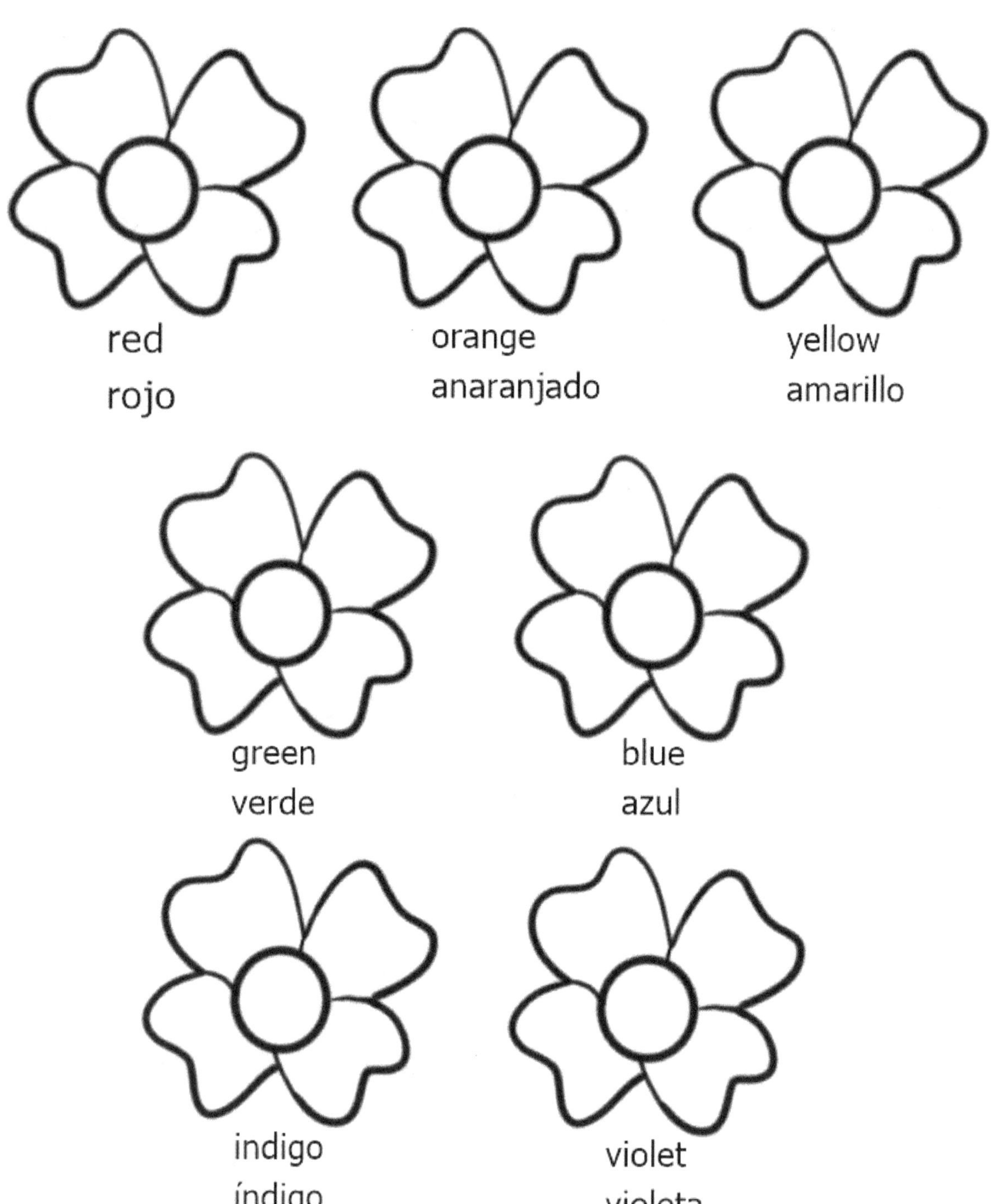
red
rojo
orange
anaranjado
yellow
amarillo
green
verde
blue
azul
indigo
índigo
violet
violeta

"The plant stands 3 feet tall when fully grown. Every 52 days all of its blossoms, overnight, turn a different color--- red, orange, yellow, green, blue, indigo, violet."

"La planta mide 3 pies de altura cuando está completamente desarrollada. Cada 52 días, durante la noche, todas sus flores adquieren un color diferente---rojo, naranja, amarillo, verde, azul, índigo, violeta".

"But the strangest feature is that every 4 years for one day, each of the 7 flowers on a branch have a different color."

"Pero la más extraña característica es que cada 4 años, durante un día, cada una de las 7 flores de una rama tiene un color diferente".

The next day Albert departed from Louisville. He flew to Atlanta and then to Rio de Janeiro. Much to his delight, it was Mardi Gras, and the streets were filled with dancers and floats, and music filled the air.

Al día siguiente, Albert partió de Louisville. Voló a Atlanta y luego a Río de Janeiro. Para su deleite, era Mardi Gras, y las calles estaban llenas de bailarines y carrozas, y la música inundaba el aire.

Unfortunately for Albert, he could not tarry. He had to board a boat and head upstream to the headwaters of the Amazon River.

Desafortunadamente para Albert, no podía quedarse. Tenía que abordar un barco y dirigirse rio arriba a las cabeceras del rio Amazonas.

green anaconda

Travel was slow so Albert had plenty of
time to hear stories about the jungle's
inhabitants. He learned about the anaconda,
a snake that could grow to a length in
excess of 20 feet.

El viaje fue lento, por lo que Albert tuvo
mucho tiempo para escuchar historias sobre
los habitantes de la jungla. Aprendió sobre
la anaconda, una serpiente que podía crecer
hasta una longitud de más de 20 pies.

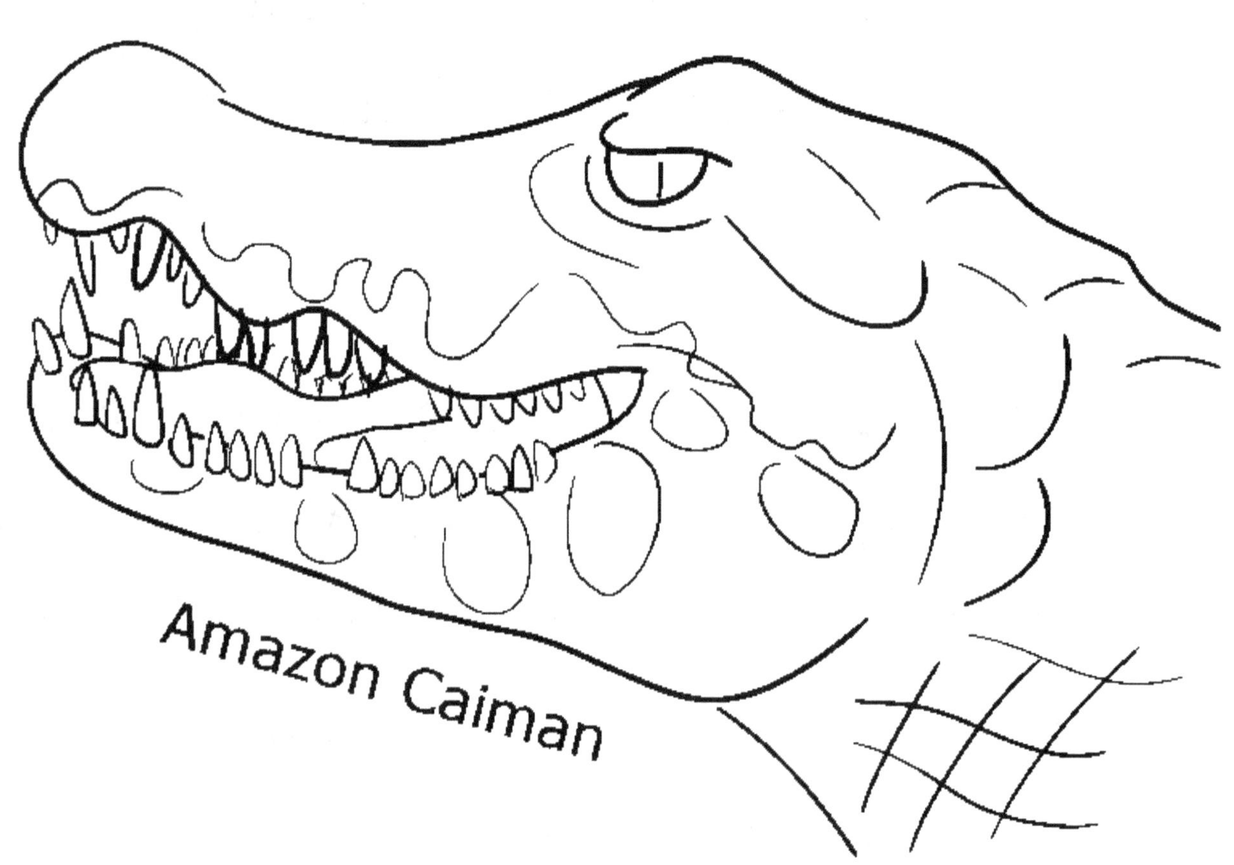

Amazon Caiman

He learned about alligators that weighed more than 1000 pounds and had rows of razor sharp teeth!

¡Aprendió sobre caimanes que pesaban más de 1000 libras y tenían filas de dientes afilados!

harpy eagle

He learned about birds with wingspans greater than 6 feet, with talons so sharp they could rip apart a tree and a beak so strong it could shatter a rock!

¡Aprendió sobre pájaros con distancia entre los extremos de las alas de más de 6 pies, con garras tan afiladas que podían destrozar un árbol y un pico tan fuerte que podría romper una roca!

Yagua indigenous community

He learned about tribesmen who hunted with poison darts!

¡Aprendió sobre miembros de tribus que cazaban con dardos envenenados!

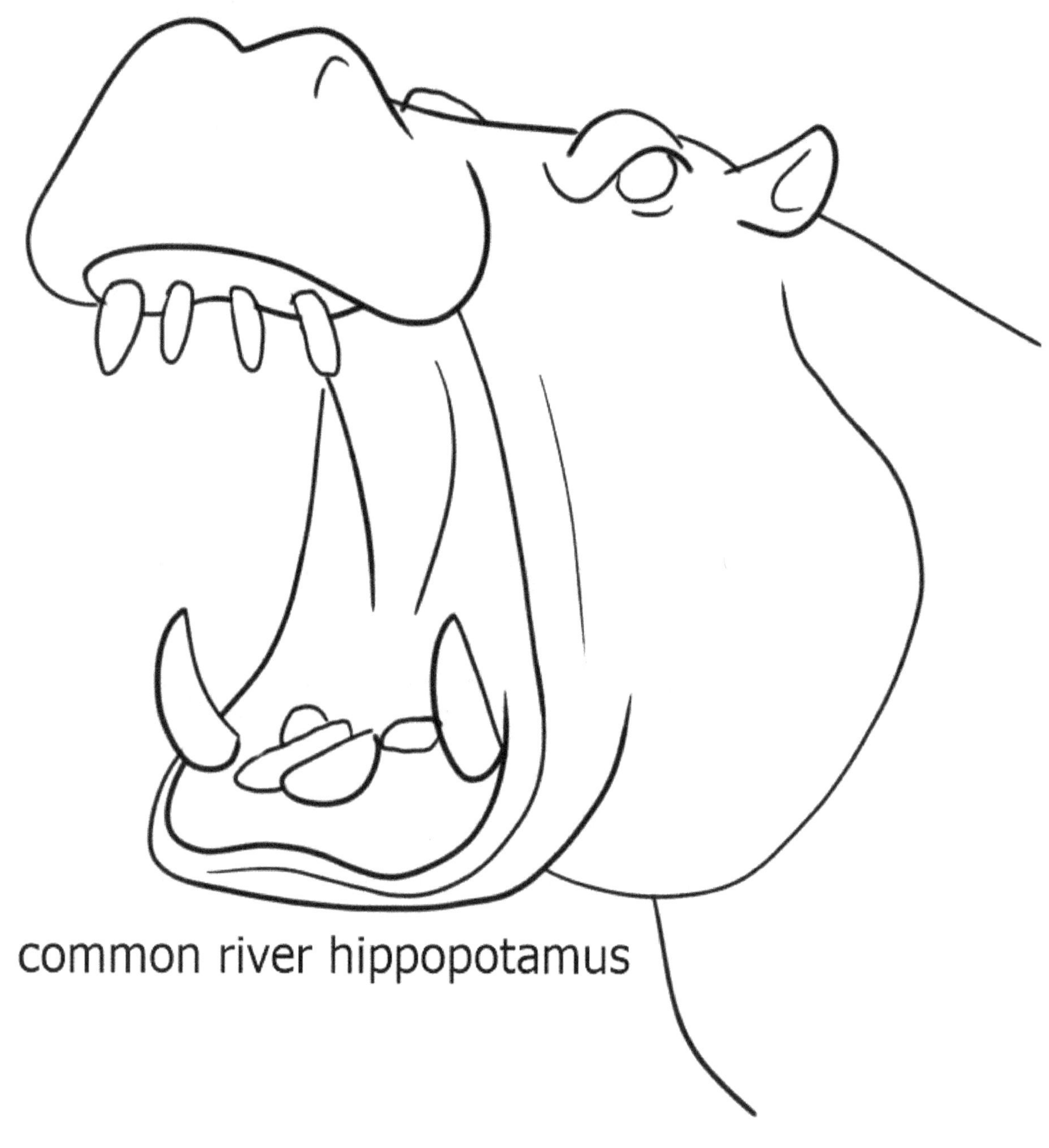

common river hippopotamus

He learned about hippopotamuses so big
they could swallow a boat!
And now Albert understood why no one at
the arboretum had volunteered for this trip.

¡Aprendió sobre hipopótamos tan grandes
que podían tragarse un barco!
Y ahora Albert entendió por qué nadie en el
arboreto se había ofrecido de voluntario
para este viaje.

Albert had become very scared. Perhaps it would be best if he returned home. Trouble was now lurking behind every tree, of that he was certain.

Albert estaba muy asustado. Quizás sería mejor que volviera a casa. Los problemas acechaban ahora detrás de cada árbol, de eso estaba seguro.

Then he remembered the words of his grandfather, a frog who had never hopped away from any challenge.
"A brave frog is not one who is never afraid but rather one, who despite his fears, marches forward."

Entonces recordó las palabras de su abuelo, una rana que nunca había huido de ningún desafío.
"Una rana valiente no es aquella que nunca tiene miedo, sino aquella que, a pesar de sus miedos, marcha hacia adelante".

The boat finally came to its destination—1000 miles inland. Albert tipped his hat, hopped off the boat, and waved good-by. He was alone in a very, very strange world.

El barco finalmente llegó a su destino—1000 millas tierra adentro. Albert inclinó su sombrero, saltó del barco y se despidió. Estaba solo en un mundo muy, muy extraño.

In 10 minutes, Albert could no longer hear the engines of the boat. He peered into the dense forest and heard only the cries of the monkeys, the roar of the jaguar, and the incessant buzz of the flies.

Al cabo de 10 minutos, Albert ya no podía oír los motores del barco. Se asomó al denso bosque y sólo escuchó los gritos de los monos, el rugido del jaguar y el incesante zumbido de las moscas.

Flies! Flies! Flies! Everywhere!!!
Albert hungrily gobbled scores of them and reclined against a tree. His belly was very full and he was very satisfied.

¡Moscas! ¡Moscas! ¡Moscas! ¡¡¡En todos lados!!!
Albert devoró decenas de ellas y se reclinó contra un árbol. Tenía la barriga muy llena y estaba muy satisfecho.

After a good night's rest in his tent, Albert left the bank of the river and ventured confidently into the dark jungle.

Después de una buena noche de descanso en su carpa, Albert abandonó la orilla del río y se aventuró confiado hacia la oscura jungla.

For days on end, Albert trudged through dense thickets of vines, climbed over enormous trees covered with moss, and waded through innumerable fast-flowing streams.

Durante días, Albert caminó arduamente a través de densos matorrales de enredaderas, trepó enormes árboles cubiertos de musgo y rodó por entre innumerables arroyos de rápida corriente.

Crossing the streams always made him nervous as some of them were filled with piranhas, flesh-eating fish that wouldn't hesitate to much on a fat frog.

Cruzar los arroyos siempre lo ponía nervioso ya que algunos de ellos estaban llenos de pirañas, peces carnívoros que no dudarían mucho ante una rana gorda.

Albert's confidence was beginning to wane. It was now week 3 and he had yet to find the colored flower.

La confianza de Albert estaba empezando a declinar. Ya era la tercera semana y aún tenía no había conseguido la colorida flor.

Albert sat down to think.
"Perhaps if I walk in ever-increasing circles, I will find this elusive plant."

Albert se sentó a pensar. "Quizás si camino en círculos cada vez más amplios, podré encontrar esta escurridiza planta".

Albert was so lost in his own
thoughts that
he failed to notice that an
enormous anaconda was slowly
sneaking up on him.

Albert estaba tan perdido en sus
propios pensamientos que
no se dio cuenta de que una
enorme anaconda se acercaba
silenciosamente a él.

Suddenly he heard a hiss and jumped just as the snake lunged for him.

De repente escuchó un silbido y saltó justo cuando la serpiente se lanzaba hacia él.

The snake was determined to catch Albert and wherever Albert ran, the snake was close behind.

La serpiente estaba decidida a atrapar a Albert y hacia cualquier lado que Albert corría, la serpiente lo perseguía cercanamente.

Albert was beginning to tire and knew that unless he figured out a way out of his predicament soon, the snake would swallow him whole.

Albert estaba empezando a cansarse y sabía que, a menos que encontrara una rápida salida de su situación, la serpiente se lo tragaría entero.

Albert ran into a small stand of trees and weaved and wove his way around them. Although the snake refused to give up on the chase, in a few minutes he found himself all tied up in knots.

Albert se topó con un pequeño grupo de árboles y se abrió paso entre ellos. Aunque la serpiente se negó a abandonar la persecución, en unos minutos se encontró hecha un nudo.

Albert was exhausted but relieved. He realized that unless he remained constantly alert, he might not be so lucky the next time danger appeared.

Albert estaba exhausto pero aliviado. Se dio cuenta de que, a menos que permaneciera en constante alerta, tal vez no tuviera tanta suerte la próxima vez que apareciera un peligro.

Albert resumed his search. Usually the jungle was ear splittingly noisy—birds singling, insects buzzing, monkeys howling. But it was now eerily quiet.

Albert continuó su búsqueda. Por lo general, en la jungla había un ruido ensordecedor—pájaros cantando, insectos zumbando, monos aullando. Pero ahora reinaba un silencio inquietante.

Then the stillness was shattered by a roar from another age as a tyrannosaurus rex burst into the clearing!

¡Luego el silencio fue quebrantado por un rugido de otra época cuando un tiranosaurio rex irrumpió el vacío!

Albert froze. If he ran, the monster in one step would be upon him but if he didn't run, the beast would soon see him. His end was upon him, and Albert was too scared to think!

Albert se frisó. Si corría, el monstruo de un solo paso estaría encima de él, pero si no corría, la bestia pronto lo vería. ¡Su fin se acercaba y Albert estaba demasiado asustado para pensar!

Sometimes fear suppresses thought but sometimes it inspires imagination. Albert had an idea. He slowly picked up a handful of stones.

A veces el miedo reprime el pensamiento, pero otras veces inspira la imaginación. Albert tuvo una idea. Lentamente recogió un punado de piedras.

He threw one into the bush to his left. The T Rex lunged into the bush. Then he threw one into the bush to his right. The T Rex pounced into that bush.

Arrojó una hacia un arbusto a su izquierda. El T Rex se lanzó hacia el arbusto. Luego arrojó una al arbusto a su derecha. El T Rex se abalanzó sobre ese arbusto.

Then he threw one behind the beast and
the T Rex whirled around and furiously
dived into the bush.

Luego arrojó una detrás de la bestia y el
T Rex giró y se zambulló furiosamente
entre los arbustos.

Then he threw one into the river
and the T Rex dove in.

Luego arrojó una al río y el T Rex
se zambulló.

Then he threw one way up into the canopy of trees and the T Rex grabbed the trunk and wrenched it out of the earth.

Luego lanzó una hacia la copa de los árboles y el T Rex agarró el tronco y lo arrancó de la tierra.

Albert threw one stone after another for over an hour. And finally, T Rex, exhausted by his efforts, laid down to sleep.

Albert arrojó piedra tras otra durante más de una hora. Y finalmente, el T Rex, exhausto por sus esfuerzos, se acostó a dormir.

Albert took off running as fast as his little legs could propel him. This was an encounter he never wanted to experience again!

Albert salió corriendo tan rápido como sus pequeñas patas podían impulsarlo. ¡Este fue un encuentro que nunca querría volver a experimentar!

Two more weeks passed. Albert was despondent. He had jumped over streams filled with blood thirsty fish. He had been chased by a 25 foot anaconda and he had even been hunted by a T Rex!
He had yet to find the flower Renee' wanted.

Dos semanas pasaron. Albert estaba desalentado. Había saltado arroyos llenos de peces sedientos de sangre. ¡Lo había perseguido una anaconda de 25 pies e incluso había sido perseguido por un T Rex!
Aún tenía que encontrar la flor que Renee quería.

He had come to the sad conclusion that his search for the rare flower was a fool's errand. He was going home a failure. And with that realization, he sat down and wept.

Había llegado a la triste conclusión de que su búsqueda de la extraña flor era una tontería. Iba a regresar a casa fracasado. Y al darse cuenta de ello, se sentó y lloró.

Albert looked for a place to sleep and
in a tiny clearing spied a small stand
of orange flowers.
'This is where I will lay my weary
body.''

Albert buscó un lugar para dormir y
en la claridad vio un pequeño puesto
de flores color naranja.
"Aquí es donde descansaré mi cuerpo
cansado".

ZZz

Albert slept very soundly that night for he was exhausted by his weeks of hiking and his close encounters with death.

Albert durmió profundamente esa noche ya que estaba agotado por las semanas de caminata y sus encuentros cercanos con la muerte.

When he awoke the next morning, the first thing he did was smell the yellow flowers. But wait a moment! They were orange flowers the night before!

Cuando despertó la mañana siguiente, lo primero que hizo fue oler las flores amarillas. ¡Aguarda un momento! ¡Eran flores de color naranja la noche anterior!

Could he be mistaken? No! He was not! He had inadvertently stumbled into a stand of ROYGBIV flowers!!!!

¿Podría estar equivocado? ¡No! ¡No lo estaba! ¡¡¡Sin darse cuenta había tropezado con un macizo de flores ROYGBIV!!!

Oh my goodness! Oh my gosh! Jiminy Cricket!

Albert laughed and cried and shouted. He ran around in circles, jumped up and down, and even stood on his head.

¡Oh, Dios mío! ¡Oh, Dios mío! ¡Pepe Grillo!

Albert se rió, lloró y gritó. Corría en círculos, saltaba de arriba hacia abajo e incluso se ponía de cabeza.

The monkeys looked down from the treetops and could not believe what they saw. There below them was a little green frog kissing every tree in the clearing!

Los monos miraron desde las copas de los árboles y no podían creer lo que veían. ¡Allí debajo de ellos había una ranita verde besando cada árbol a su alrededor!

Finally, after he calmed down, Albert began collecting the seeds from this beautiful flower. When his pouch was full, Albert began the long trek home.

Finalmente, después de calmarse, Albert comenzó a recolectar las semillas de esta hermosa flor. Cuando su bolso estuvo lleno, Albert comenzó el largo camino a casa.

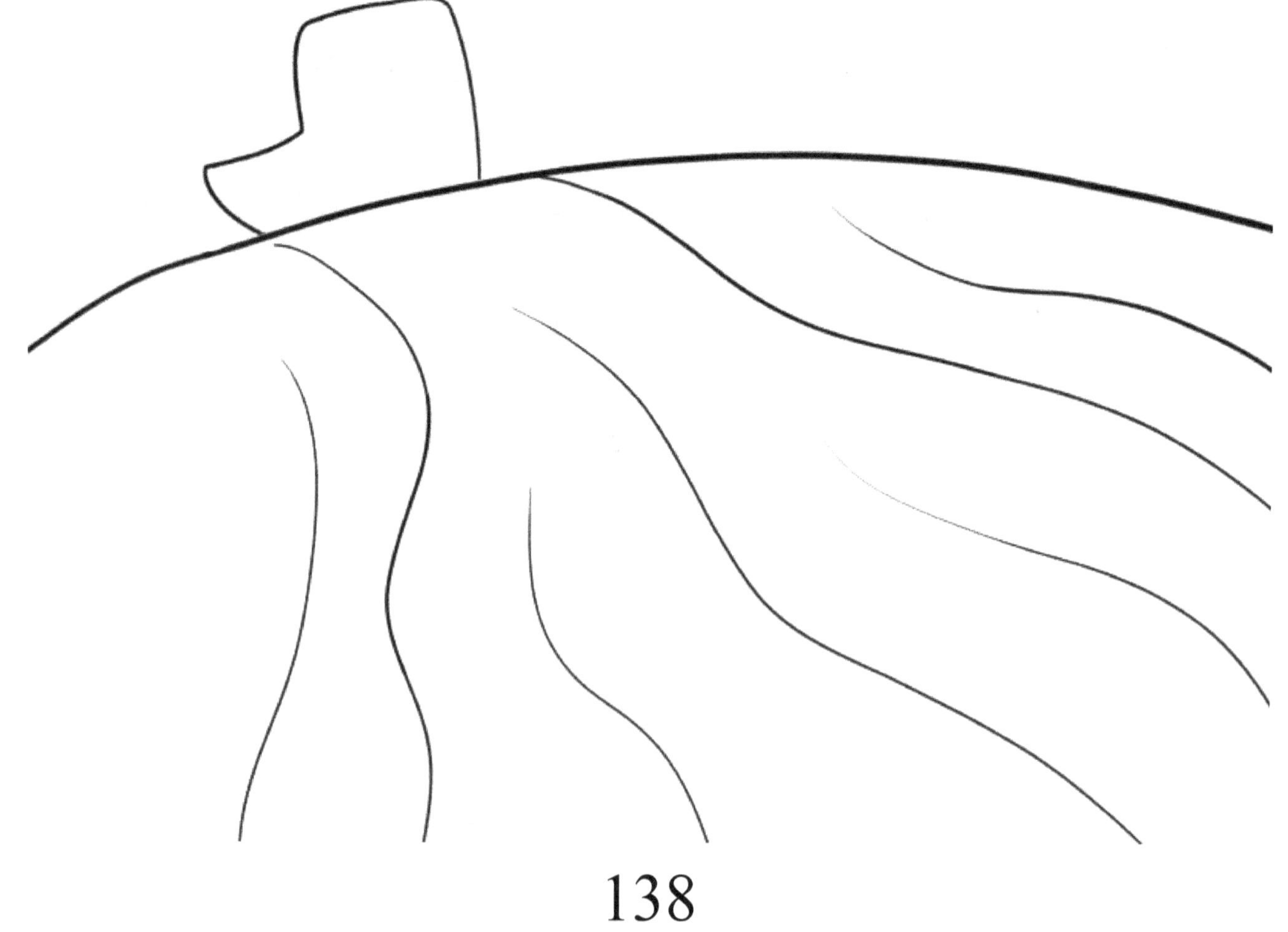

It took Albert nearly a month to reach the river's edge from where he had disembarked. Then it took another month for the boat to make its long way down the river.

Albert tardó casi un mes en llegar a la orilla del río desde donde había desembarcado. Luego, el barco tardó otro mes en recorrer el largo camino río abajo.

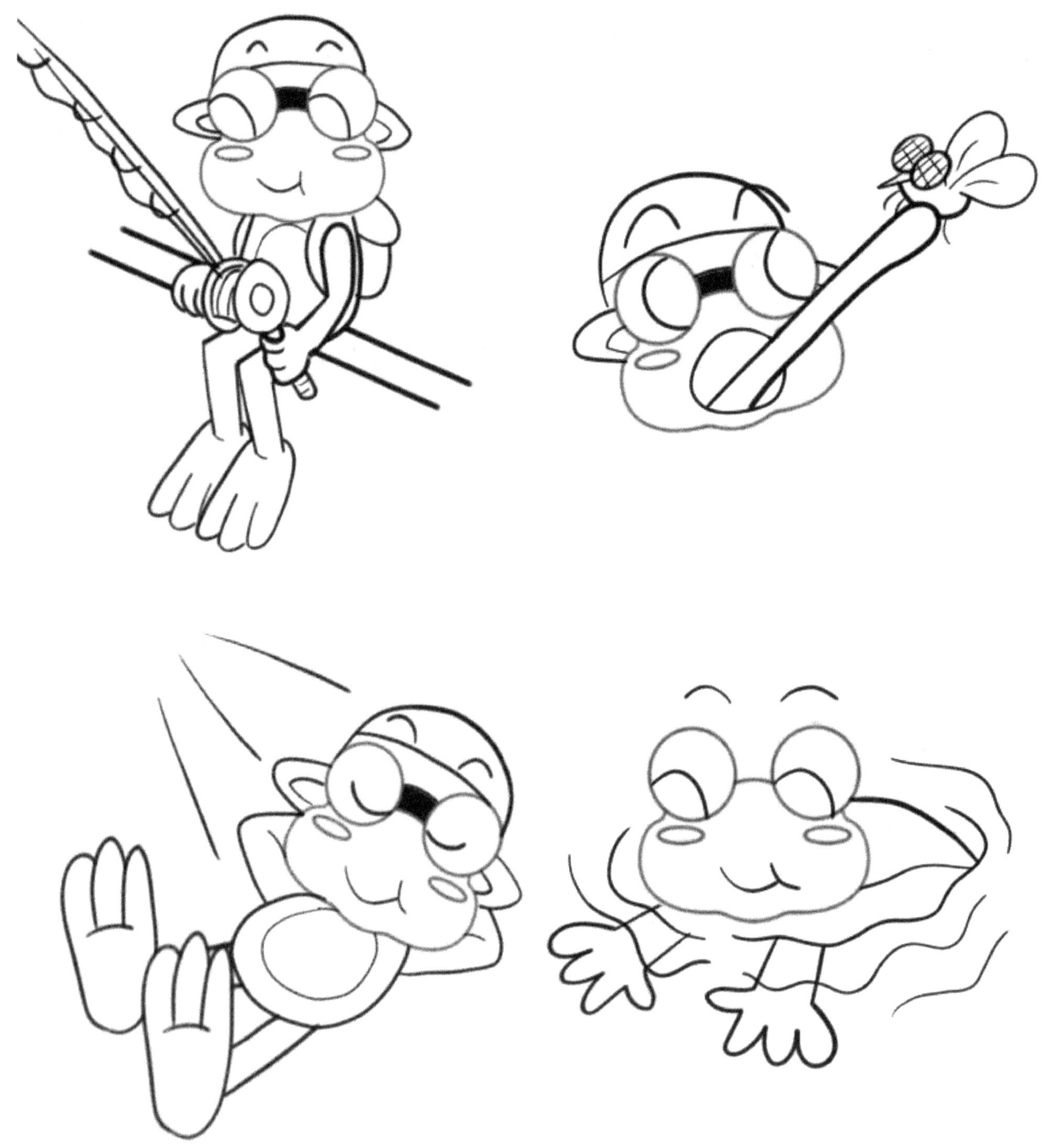

Albert fished; he ate flies; he sunned himself on the roof of the boat; he swam in the cool waters of the river.

Alberto pescó; comió moscas; tomó sol en el techo del barco; nadó en las frescas aguas del río.

And he dreamed how he would be hailed as a hero. There would be a parade on his behalf.

Y soñó que sería aclamado como un héroe. Habría un desfile en su nombre.

The president of the United States would award him the medal of honor.
How proud of him his family would be.

El presidente de Estados Unidos le otorgaría la medalla de honor.
Qué orgullosa estaría de él su familia.

Albert flew from Brazil to Florida to
Kentucky and when he stepped off of
the plane in Louisville,
there stood Renee' and the entire staff
of the arboretum cheering, cheering,
and cheering.

Albert voló de Brasil a Florida a
Kentucky y cuando bajó del avión en
Louisville,
allí estaban Renee' y todo el personal del
arboreto aplaudiendo, aplaudiendo y
aplaudiendo.

"In recognition of your
extraordinary service, I induct you,
Albert, into the Bernheim
Arboretum's Hall of Fame."
And then Renee' draped a medal
around his neck.

"En reconocimiento a tu
extraordinario servicio, te incorporo,
Albert, al Salón de la Fama del
Bernheim Arboretum".
Y luego Renée le colocó una medalla
alrededor del cuello.

Albert blushed for though he was very, very brave, he was also very modest. After shaking the hands of all of the attendees and signing lots of cards, he took his leave.

Albert se sonrojó porque, aunque era muy, muy valiente, también era muy modesto. Luego de estrechar la mano de todos los invitados y firmar numerosas tarjetas, se despidió.

Greyhound

The Greyhound bus took him to
Knoxville in a few hours whereupon
another crowd of admirers
greeted him with cheers and song.

El autobús Greyhound lo llevó a
Knoxville en unas horas, tras lo cual
otra multitud de admiradores
lo saludaron con aplausos y cantos.

His parents, his brothers and sisters and his friends at the Iams Nature Center held a great celebration in his honor, Albert regaled them with stories of his perilous encounters in the Amazon.

Sus padres, sus hermanos y hermanas y sus amigos en el Iams Nature Center sostuvieron una gran celebración en su honor, Albert les obsequió historias de sus peligrosos encuentros en el Amazonas.

That night while resting in his bedroom, Albert reflected on his experiences—the weeks of loneliness, the grueling days of hiking, the close encounters with death, the blazing sun, and the torrential rains.

Esa noche, mientras descansaba en su dormitorio, Albert reflexionó sobre sus experiencias—las semanas de soledad, los agotadores días de caminata, los encuentros cercanos con la muerte, el sol abrasador y las lluvias torrenciales.

Albert now understood in a way that he had never known before exactly what his grandfather meant when he said,
**"When the going gets tough,
The tough get going!"**

Albert ahora entendió de una manera que nunca antes había entendido exactamente lo que su abuelo quería decir cuando dijo:
**"Cuando las cosas se ponen difíciles,
¡Los fuertes se ponen en marcha"**

Bye-bye! ¡Adiós!
Hey, that's my line!

The End

Fin

ABOUT THE AUTHOR

Dr. Jan Hahn was born in 1951 in Massachusetts and raised in Vineland, N.J. After graduating from Swarthmore College, he entered Mt. Sinai School of Medicine in New York City. Upon completing a family practice residency program in Galveston, Texas, he joined the Indian Health Service and worked for 4 years at Cherokee IHS Hospital in Cherokee, N.C. In 1984, he moved to Lenoir City, TN. where he practiced family medicine until 2012.

In 2009, he returned to college to study English, and in 2011, he enrolled in Lincoln Memorial University's post-bac teacher licensure program and was certified to teach English 7-12. He taught Health Sciences at Farragut HS in Knoxville for 3 years. He then returned to medicine and is now practicing in Madisonville, TN.

In 1991, he started a domestic violence program, Crisis Center for Women-IVAS, and was its chairman of the board until 2017. This is his fifth book. The first one, **Voices**, is a collection of poems describing many of the patients he has cared for during his long career in medicine. His second book, **A Gallimaufry**, is a potpourri of poems. He has written three books about Albert- **Albert and the Milk Pail** and **Albert Takes on the World**, and **Albert Becomes a Fisherman**.

Dr. Hahn lives with his wife, Dr. Heather O'Brien, a veterinarian, and their 4 horses, 6 dogs, 25 chickens, and 6 goats. His 3 daughters, Micah, Avital, and Mara are pursuing their careers in Alaska, Kentucky, and Louisiana.

ABOUT THE ARTIST

Samantha Berner is a 23-year-old digital artist from Patchogue, New York, who specializes in character design. She dreams of putting her skills and passion to the test by becoming an independent video game designer. She attended East Tennessee State University for two years but is primarily self-taught. She has been drawing with pencil and paper since she was little but has over five years of experience with digital art.

ABOUT THE TRANSLATOR

Katherine Lopez was born in New York City but returned to Puerto Rico during her early childhood. She graduated from the Univ of Puerto Rico and then moved to Tennessee. After working for a few years as a veterinary technician, she enrolled in the Univ of TN School of Veterinary Medicine. She lives in Lenoir City.